DISCOURS

PRONONCÉ

PAR le Représentant du peuple LAURENCEOT, envoyé dans les Départemens de LOIR et CHER, du CHER et de la NIÉVRE ;

A la Séance publique qu'il a tenue pour l'installation du Directoire du Département de la Nièvre, le 9 Floréal.

───────

A NEVERS;

De l'Imprimerie de LEFEBVRE le jeune ;
Imprim.r du Départem., près la Municipalité.

══════

AN III.e DE LA RÉPUBLIQUE.

DISCOURS

PRONONCÉ

PAR le Représentant du Peuple LAURENCEOT, envoyé dans les Départemens de LOIR et CHER, du CHER et de la NIÈVRE;

A la Séance publique qu'il a tenue pour l'installation du Directoire du Département de la Nièvre, le 9 Floréal.

CITOYENS,

LA Convention nationale, en sortant de l'affreuse tyrannie sous laquelle elle a gémi si long-temps, a bien senti qu'il falloit rendre aux lois toute leur énergie, à la justice tout son empire; qu'il falloit raviver, pour ainsi

A

dire, toutes les branches de l'administration détruite par la confusion que les fripons y avoient introduite, ressusciter enfin la confiance que la terreur avoit entièrement éteinte.

C'est vers ce but régénérateur qu'elle a constamment marché, Citoyens; et si déjà nous ne jouissons pas de tout le bonheur que nous promettent de si constans efforts, c'est qu'il a fallu laisser au temps une grande partie de l'ouvrage à faire; il a fallu ramener doucement l'opinion publique à sa hauteur et à sa dignité; guetter le secret de tous les crimes et de toutes les machinations; dévoiler l'immense turpitude de tous les conspirateurs, peser leurs attentats pour en venger la nature si souvent outragée; il a fallu faire oublier cette étonnante rapidité avec laquelle leur affreuse doctrine s'est propagée, leur système si déchirant s'est établi, leur dégoûtante domination appesantie sur toutes les têtes.

Il a fallu que des lois sages, justes, mûries avec calme et réflexion, réparassent les plaies profondes qu'avoient faites partout la secousse révolutionnaire et le passage des assassins.

L'autorité se trouvoit entre des mains infidelles, vendues ou trompées, mais nécessairement complices; il falloit l'en retirer avec adresse pour la restituer à ses dépositaires légitimes; rendre au gouvernement sa force, sa vigueur, un caractère d'une douce, uniforme et vigilante rapidité; ses moyens d'exécution dans toute leur étendue, le bras nerveux enfin, qui devoit assurer le succès du levier politique.

Alors la liberté des personnes n'a plus été un vain nom, et les cachots se sont ouverts. La sûreté des propriétés a cessé d'être une chimère, et chaque citoyen a pu réclamer la sienne. Le vol et le brigandage ont repris leur place dans le catalogue des crimes; la loi vengeresse a ressaisi son glaive; la justice sa balance et son bandeau.

Alors l'ordre s'est remis à la place de la confusion universelle; les mots et les signes avec lesquels on agitoit le peuple, en faisant semblant de le gouverner, ont quitté leur funeste magie; les administrateurs ont senti que le pouvoir n'étoit pas, entre leurs mains, le droit d'opprimer et d'envahir, mais celui de distribuer à tous la portion de justice que le contrat social le met en droit de réclamer; et les administrés, soulagés de leur longue et pesante servitude, ont enfin reconquis leurs droits, ont vu leurs réclamations écoutées, et retrouvé l'espérance dont, depuis long-temps, ils n'avoient pas ressenti la consolation.

C'est par une pareille graduation, Citoyens, qu'il a nécessairement fallu passer, pour assurer aux lois bienfaisantes qui nous sont aujourd'hui données, tout le degré d'utilité que le gouvernement s'en promettoit pour le bonheur du peuple.

Enfin, Citoyens, la loi du 28 germinal vous rappelle à votre première organisation, et je m'estime heureux d'avoir eu l'honorable mission de remettre le dépôt des lois entre des mains exercées, et de la pureté desquelles l'assentiment universel m'est un sûr garant.

Vous allez donc, Citoyens, vous ressaisir de tous les moyens nécessaires pour faire le bonheur de vos concitoyens, faire disparoître jusqu'aux traces de la dévastation, réparer toutes les destructions, faire oublier toutes les pertes, distribuer enfin le prix de tous les sacrifices.

Si cette carrière est délicieuse et consolante à fournir pour les ames sensibles, n'oublions pas non plus que son immense étendue nécessairement en augmente la difficulté; qu'il faut, pour y parvenir, l'emploi de toutes les forces, le développement de toutes les ressources du courage, l'abandon entier et sans retour de toutes les affections de tous les intérêts; que vous aurez des passions particulières, des considérations individuelles et chères auxquelles il sera nécessaire d'imposer silence, des affections précieuses à sacrifier; et certes, l'homme assez courageux pour entreprendre cette tâche pénible, a déjà bien mérité de ses concitoyens.

Vous aurez, Citoyens, à ressaisir la surveillance de l'esprit public de votre département: s'il étoit nécessaire à la tyrannie de le corrompre, de le méphytiser, l'empire désormais indestructible de la liberté, doit le rendre à toute sa pureté, à toute son innocence, à toute son énergie. Conservons-lui, puisque nous le pouvons enfin, ce caractère majestueux qu'il avoit lors de nos premiers combats; que les vociférations cessent, il ne faut plus que la voix modeste du patriotisme et du dévouement; enlevons-lui pour jamais les formes que l'on proclamoit utilement *acerbes*, mais qui, dans le fait, étoient vraiment assassinantes; que l'aplomb imposant qu'il doit reprendre, assure la jouissance de tous les droits, la punition de tous les dilapidateurs, le triomphe de toutes les vertus.

Vous ferez disparoître sur la liste des communes de votre ressort, ces dénominations ridicules que plusieurs avoient mises à la place de leurs noms consacrés par la succession des siècles; nous ne voulons plus de ce charlatanisme; nous ne voulons plus de cette insulte continuelle faite à l'antiquité, qui flétrissoit les héros et les sages dont les noms étoient prostitués; nous ne voulons plus que le crédit éphémère d'un scélérat dont le règne ne pouvoit durer que pendant un moment de foiblesse et d'esclavage, vienne tout-à-coup bouleverser toutes les connoissances acquises, et introduire l'incertitude et l'ignorance, au milieu des instructions les plus fixes et les mieux appliquées.

Vous aurez à faire une épuration scrupuleuse dans tous vos bureaux; il ne faut plus à la bienfaisance nationale de ces subalternes insolens, qui tous les jours usurpoient une partie de l'autorité pour tyranniser, dont l'ignorance devoit inspirer à tous les amis de la chose publique, le mépris le plus profond; qui s'en vengeoient par toutes les injustices, toutes les cruautés; qui, à l'ombre de l'importance qu'ils avoient su mettre à leurs fonctions, cachoient leurs dilapidations par leur audace, leur persécution par des mots imposans dont ils flétrissoient à chaque instant l'application mensongère. Vous y mettrez des collaborateurs assidus, laborieux, intelligens, dont la probité vous rassure sur le grand degré de confiance que nécessairement vous serez souvent obligés de déposer entre leurs mains; dont l'intelligence vous apporte la certitude de la bonté de leur travail. Vous les prendrez sur-tout, Citoyens, dans la classe indigente, parce qu'il faut que le gouvernement vienne au secours de tous; parmi les pères des défenseurs de la patrie, parce que c'est tout-à-la-fois un dédommagement et un encouragement utile; parmi les pères de famille, parce qu'il est du devoir de l'administration de favoriser de tous ses moyens, le signe le plus infaillible de la prosperité d'un empire. Mais ces qualités recommandables, ne suffiront pas seules, parce qu'il faut, par-dessus tout, que la machine marche, et qu'alors il est essentiel que les impuissans et les dangereux en débarrassent les rouages.

Votre application constante et non interrompue, ne perdra pas un instant de vue les mesures propres à assurer la tranquillité publique. Les méchans profitent de tous les mouvemens, de toutes les circonstances : vous leur résisterez impitoyablement, Citoyens ; leurs projets seront anéantis, parce qu'ils ne veulent que le bouleversement général ; ils vous parleront de subsistances, et avant eux, vous aurez fait tout ce qui sera en votre pouvoir pour rassurer tout le monde sur cet objet essentiel. Les marchés seront fixés dans les lieux les plus favorables aux rendez-vous commerciaux ; la loi sur leur approvisionnement s'exécutera ; les mesures sévères se déploieront, mais jamais elles ne seront vexatoires ; l'égoïsme des cultivateurs sera forcé jusques dans ses derniers retranchemens, et une bienfaisante et salutaire circulation sera rétablie avec promptitude.

Ils vous parleront du culte : vous leur direz que le premier de tous est celui de la loi ; que sans elle tous les autres sont nécessairement détruits ; que la justice mène toujours à sa suite la tolérance, parce que c'est la plus naturelle et la plus raisonnable de toutes les vertus; que la Nation, qui stipule pour les intérêts de tous, ne peut admettre une croyance particulière, parce que nécessairement elle pourroit blesser quelqu'un ; qu'en conséquence, elle ne doit faire aucun frais sur cet objet; que la Divinité aime essentiellement l'hommage qui lui est offert par un cœur pur, mais qu'elle rejette toujours celui du fanatique et du perturbateur.

Vos regards inquiets et attentifs se porteront sur les foires, que le sans-culotisme a multipliées si profusément dans votre département. Sans doute, il faut encourager le commerce, ce moyen de tous les échanges, ce nœud de toute fraternité, de toute abondance ; mais vous verrez jusqu'où la prodigalité de ces établissemens peut devenir nuisible et à l'agriculture à laquelle elle enlève des bras déjà si rares, au commerce, à la franchise, et à la loyauté duquel elle substitue les petits moyens, les petites fraudes de l'agiotage; et aux bonnes mœurs, par la dissolution que la confusion de ces asssemblées entraîne presque nécessairement à sa suite.

Vous presserez, avec la plus grande célérité, les travaux relatifs aux contributions publiques et à leur recouvrement; le gouvernement ne veut plus de ces taxes révolutionnaires qui ruinoient une portion précieuse des citoyens, sans enrichir celle au bénéfice de laquelle on prétendoit qu'elles étoient faites ; qui ne servoient uniquement qu'à favoriser les projets dévastateurs, les vues criminelles, les excès de tout genre des coquins préposés à leur perception; mais il faut que les revenus publics soient versés, avec la plus exacte régularité, dans le trésor national, parce que sans eux il est impossible de pourvoir à toutes les dépenses, à tous les dédommagemens, à la consolidation de la dette publique, d'empêcher enfin cette banqueroute, avec les frayeurs de laquelle on nous fait la guerre depuis si long-temps, qui nous déshonoreroit aux yeux de toutes les nations policées, et ne nous laisseroit plus d'autre moyen d'existence que la servitude.

Vous encouragerez tous les arts, parce que tous sont amis de la liberté, parce que tous sont ennemis de la barbarie dans laquelle on cherchoit à nous replonger ; que les excès incompréhensibles des Vendales ont tellement tourmentés ; qui ont des pertes si sensibles, si précieuses à regretter, que la terreur sembloit avoir exilés pour jamais du sein d'une terre jadis amie.

Vous favoriserez de toutes vos forces l'agriculture, cet art nourricier, le premier besoin, le premier soin, le premier plaisir de l'homme ; qui a vu les jours de son innocence, qui étoit présent à la naissance des sociétés, qui a été la source des premières amitiés, des premiers nœuds ; le père de la population, de la richesse, de la fécondité, que l'on avoit désolé par les entraves les plus cruels, les plus destructeurs ; qu'il faut rendre sans délai au bonheur, à la prospérité ; parce qu'il faut que le peuple existe avec facilité, abondance, et sans les allarmes continuelles que les crimes des anciens comités avoient affecté d'entasser au-tour de lui.

Vous reprendrez, vis-à-vis des administrations inférieures, la force de l'attitude que votre ancienne organisation vous confioit ; vous les rapellerez aux limites de leurs premières fonctions ; vous retirerez d'entre leurs mains, sans délai, sans exception, sans considération tous les genres d'autorités qu'une attribution arbitraire et vicieuse leur avoit donnés, et qu'il est impossible qu'elles se conservent, sans usurpation.

Vous établirez au-plutôt l'ordre dans la comptabilité. Nécessairement, il étoit de l'intérêt d'un peuple de brigands de mettre dans cette partie tous les efforts de la confusion, et de l'absurdité, parce qu'il falloit que leurs entreprises déprédatrices ne pûssent pas être sitôt reconnues; mais aujourd'hui, le règne de la probité succède, et les administrateurs ne doivent laisser à leurs concitoyens aucun doute sur leur désintéressement et leur intégrité.

Vérifiez les comptes des anciennes administrations, ceux des premiers directoires, ceux de leurs successeurs, non avec cette costicité dangereuse, qui cherche des coupables, mais avec cette justice prudente qui sait distinguer la bonne-foi d'un administrateur qui se trompe, d'avec les fraudes et l'astuce d'un fripon qui veut voler.

Enfin, citoyens, portez dans toutes les parties de votre administration, ce zèle infatigable, cette surveillance continuelle, cette application constante qui, seules, peuvent assurer le bonheur de vos administrés; et concourez, par l'ensemble des mesures sages et vigoureuses, à l'affermissement et à la prospérité de la République.

Le Représentant du Peuple,

Signé LAURENCEOT.

ROUSSET cadet, *Secrétaire*.

www.ingramcontent.com/pod-product-compliance
Lightning Source LLC
Chambersburg PA
CBHW071447060426
42450CB00009BA/2326